*Mäntel um unsere
Wünsche*

Impressum

Copyright: © 2013,
Renate Maria Riehemann

Herstellung und Verlag:
BoD - Books on Demand, Norderstedt
www.bod.de

ISBN: 9783848259670

Vierzig Gedichte

Band 5

Mäntel um unsere Wünsche

Gedichte vom Kampf um die Liebe

von
Renate Maria Riehemann

Zur Auswahl der Gedichte

Die Gedichte im vorliegenden
Band widmen den Blick der
heimlichen, verborgenen und
ungelebten Liebe. Und immer
wieder der Frage: "Warum
Mäntel um unsere Wünsche?"

Der Weg zur erfüllten Liebe ist
oft eine lange harte Reise,
denn Liebe und Leid sind im
Liebesleid eng verbunden.

Renate Maria Riehemann
Januar 2013

Am Ende langer Reise

erquickend
wird die Quelle sein.

———————————————

Masken

Verblichene Masken
um mich
endloses Betrachten
einseitig
leere Blicke halten
die Wärme der Dunkelheit

Abgerissene Enden
träger Tage
in fremden Händen
haltlos tanzend
im Garten des Du
binden meine Hände

Klare Augen
spiegeln das Wasser
suchen den Weg
ein Bild verschwimmt
trägt uns zum Wir
hinter der Maske

Fragen

Warum Freundschaft
wo Liebe wächst?

Warum Abstand
wo Nähe blüht?

Was sind Berge
für Gefühle ?

Was sind Jahre
für Momente ?

Warum Eisblumen
im Sonnenlicht ?

Warum Mäntel
um unsere Wünsche ?

Kurz und Knapp

Dem empfindsamen Gemüt
spielt das Leben
viele Melodien

Langeweile Ruhezeit

Langeweile
Ruhezeit
glückliche Zeit
nichtssagender Blicke

Müde Hände
schaufeln alte Tage
in ein Fass
sie zu vermengen

Blitze zucken
verbrennen Vergessenes
Ruhig lächeln die Gefühle
unter warmer Zudecke

Langeweile
wird runder
und voller
neue Zeit zu gebären

Mutter und Tochter
Hand in Hand
immer wieder
Mutter und Tochter

Mutter und Tochter
doppelter Schatten
Premiere der Gewohnheit
Greifende Hände aus ihr

Langeweile
Ruhezeit
Kappt die Dunkelheit
auf unbekannten Wegen

Manchmal

Manchmal
wenn Traurigkeit mich
leis berührt
wenn ich still und einsam bin
dann leg ich mein Gefühl
weit und offen vor mich hin

Manchmal
wenn ich bei mir bin
mich einfinde
am sonnigen Platz
dann fürchte ich
mich könnte jemand dabei
stören

Wie hoch ist der Preis
für die Freiheit
auch die verborgenen Gefühle
besitzen zu dürfen?

Irrer Tanz

Gedanken
in meinem Kopf
dröhnen kreisen
weiter weiter
aufhalten
Ruhe

Wer hält sie an?

Hinaus
ein paar nur
Freiheit
freilassen
Frieden
Ruhe

Wer verschenkt einen Tag?

Gefühle
fordern
ich

Tränen
Trauer
Sehnsucht

Wer lehrt den Tanz?

Gedanken
zucken drehen
kein Halten
kein Halt
für mich
endlos

Wer sieht den Schwindel?

Gedanken
ausbrechen
schneller
davon
mit mir
Kopf ohne Körper

Wer kennt mein Fühlen?

Vernunft
so nah am Abgrund
tanzt man nicht
bricht keiner aus
im freien Flug
zum Himmel

Hoffnung

Aufrecht
meine Wege entlang
vergoldet
vom Sonnenschein

War nicht ängstlich
war nicht bang
wollte dankbar sein

Fand mich wieder
schwimmend im Fluss
Sein Anschein
kräftig mich trog

Schien mir passierbar
schien mir zahm
Trotzte den Kämpfen im Sog

Am anderen Ufer
der rettende Arm

Frag den Wind
ob ich ihn greifen kann
ob ich es überhaupt will

Hoffe
das Wasser wird dann und
wann
auch gegen den Strom
wieder still

Treibt den Wahnsinn

Was hält mich
Was zieht meine Seele mein
Fühlen voran
wenn ich schweren Schrittes
gewohnte Straßen
überquere?

Was legt sich auf mich
bleiern
mit der Last eines Tages
wenn ich mich erhebe
mühsam
und versuche
Fuß zu fassen?

Was lacht der Himmel
schrill
zu meinem Tanz?

Mit bloßen Füßen
die Erde suchend

unter meinen Sohlen
blutende Schritte

Was treibt ihn voran
in solchen Zeiten ?

Wer traut sich
ihm den Mantel abzureißen?

Auf Straßen der Gewohnheit
sehen wir gern
in dunklen Fenstern
den Wahnsinn

Aufwachen

Ich treibe
über die Jahre

Unstetes Leben
fängt Alltag ein
hält mich bedeckt
Du endlich

Endlich
erwacht die
liebende Seele
aus langem Schlaf
vorsichtig
tastend
suchend
sich
dich

Dem Alltag
erwächst
ein Geländer
der Möglichkeiten

Verzaubert

Dies liebende Gefühl
das wird mir dringend klar.
das ist verrückt konfus
und es ist wunderbar.

Ich ringe pausenlos mit mir
ich liebe diese Frau
Mein Leben wird verdreht
konfus
ich spüre es genau

Meine Seele liegt nun offen
saugt sie zärtlich in sich ein
Ist ganz vollgestopft mit Hoffen
möcht von ihr gestreichelt sein

Doch es fehlt der Mut zur
Liebe
fehlt die Freiheit fehlt die Kraft
Und im Chaos der Gefühle
leb ich das was Leiden schafft

Warten

Eingeschlossen
zwischen Anfang und Ende

Schritte ohne Widerhall
meine Schritte

Zögerndes Wollen
Vielleicht

Geh du

Durch die seitlichen Türen
durch die Gitter flüchte
körperlos

Lass mich
Lass mich

Augen
sehnsuchtsvoll leuchtend

Am Ende des Ganges
hinter verschlossenen Türen

Hände liebkosen
die glühende Klinke

Sie lächelt und nimmt
meine Hände zu sich schon

Ich kann sie nicht sehen
noch habe ich kaum
die Hälfte durchschritten

Dazwischen

Ich hab dich gern
sag ich
das ist so dazwischen
wie ich selbst

Deinem Wollen begegnen und
mich binden ohne zu wissen
ob du mich halten kannst
an stürmischen Tagen
will ich nicht

An der Oberfläche bleiben
für einen Moment
tiefe Gefühle verstecken
für eine Weile
lass mich sie verwahren

Bei dir mich verkriechen
für ein paar Tage
in deiner Wärme einschlafen

zwischen deinen Brüsten
bei dir sein

Verweilen
aufwachen erst dann
wenn der Frühling lockt
zum ersten kühnen Schritt
nach festem Winterschlaf

Ich hab dich gern
sag ich der Rose mit
liebendem Blick
und weiß ohne Trauer
sie wird verblühen

Ich hab dich gern
sag ich das ist
so dazwischen
wie ich selbst

Noch nicht

Ich möchte
Ich möchte es
Ich möchte es gerne
Ich möchte es gerne leben

Ich liebe
Ich liebe sie
Ich liebe sie trotzdem
Ich liebe sie trotzdem es
schmerzt

Ich kann
Ich kann es
Ich kann es nicht
Ich kann es nicht sagen

Noch nicht

Such mich

Such mich
unter meinem Fühlen
zwischen meinen Gedanken
inmitten meiner Worte

Finde mich
eingehüllt in fremde Mäntel
die ich abreiße von mir
Stück für Stück

Nimm mich an
in meiner Blöße
lass mich nicht frieren

Schmaler Steg

Stimmen
schwingen durch die Räume
sind so nah und doch so fern
Eine Stimme hör ich flüstern
Wirbt ganz leis:
Ich hab dich gern

Zärtlich fliegen die Gefühle
Stimmungen von dir zu mir
In mir poltern tausend Elfen
stampfen vor der Seelentür

Abgeschlossen
dicke Schranken
sperren ab den neuen Weg
der mich locken will ins Leben
über diesen schmalen Steg

Traumland

Traumfiguren tanzen
frei in Raum und Zeit.
Streicheln sanft mit zarten
Händen nur den warmen
Wind, der sie trägt, so leicht
und weit.

Ich will mich dort zum
Träumen finden, tausend Elfen
wie von Sinnen tanzen sehen
ihre Kreise. Fliegen frei
einander zu. Tränen spür ich
langsam rinnen.

Lange steh ich auf der
Schwelle zwischen Traum und
Wirklichkeit. Elfen kommt und
lehrt mich fliegen. Schwebend
werd ich zu euch finden.
Gestern, heute, jederzeit.

Meerestiefen

Im tosenden Meer der Gefühle
drohe ich zu ertrinken
oh liebe Schwestern
ich werde tief und tiefer sinken

Befehlt den Stürmen
zu erlahmen
tiefes Wasser muss weichen
zu viel Salz auf junger Haut
lässt sie schnell erbleichen

Wer erbarmt sich der Herzen
die quellen in rauschender
Flut
verführend in leuchtenden
Farben
als sei sie den Liebenden gut

In der Tiefe einsamer Meere
verstummt euer klagend
Gebrüll
erstickt von den eigenen
Schreien
ist alles im Grunde still

Aus Trauer erwächst eine
Blume
hoffend ins spärliche Licht
sich nährend an dem Dunkel
an dem keine Welle mehr
bricht

Spiegelbild

Klares Wasser
spiegelt mein Leben
am Ufer mein Schatten
stummes Betrachten

Es hängt in Fetzen
der gewöhnliche Mantel
abgetragen nun und
mühsam gehalten

Morgensonne
im bläulichen Licht
stirbt ein Leben
in mir

Die Blöße wärmend
mit schnellen Schritten
laufe ich und gehe
dem Leben entgegen

Mein Regenbogen

Ein Stück Leben
meine Zeit
für mich
frei von Ansprüchen

Gedanken spinnen
aus Lebensfäden
mein Regenbogen
in fremden Farben

Liebe ummantelt
zu fest
meinen Baum
zu dicht für die Blüte

Ein Stückchen Leben
meine Zeit
meine Farben
für mich und euch

Reisezeit

Rastlos
reise ich durch die Zeit
suche
suche mich suche
erkenne nicht
was jetzt gedeit
suche mich
suche und suche

Unwissen quält
die zerrissene Seele
zerrissen vom Wollen
Müssen und Tun
Empfindsamkeit
sperrt verschlungene Wege
möchte so gerne
ein wenig ruhn

Es schwingt
in der Ferne
ein anderes Ich
pulsierende Wellen im Raum
brechen
an meinem Hindernis
beschweren
meinen Traum

Am Ende
langer harter Reise
erquickend
wird die Quelle sein
erschöpft
vom Chaos der Gefühle
fall ich ganz tief
hinein

Tränen 1

Tränen
Ventile der Wut
schrei
schrei es hinaus
hinaus ins Leere

Tränen
Gesellen der Traurigkeit
halt
halt dich fest
fest an ihnen

Tränen
Schwestern des Glück
lass
lass sie fließen
fließen für uns

Tränen 2

Tränen
Ventile der Wut
schick ich hinaus
auf die lange Reise ins Leere

Tränen
Gesellen der Traurigkeit
halten sich fest
am flüchtigen Gedanken

Tränen
Schwestern des Glücks
erfreuen mich
in den tiefen Meeren des
Lebens

Gedanken an dich

Gedanken an dich
zerreißen den Alltag
in mehr als zwei Teile

Ohne Richtung
wechselhaft
suchend
verwischen die Zeiten
verweben Traum und
Wirklichkeit
teilen mein Tun
nur weniges muss sein

Gedanken an dich
lassen mich warten
ohne Zeit
tragen mich
über Stunden
über Tage
zu dir

Traum

Mich träumte du kämest
und suchtest meine Nähe
in der Nacht
aus Liebe und
mit lustvollen Händen

Meine Arme
streckte ich dir entgegen
um dich zu halten
und mich an dir

Mich träumte
wir fanden unsere Nähe
in der Nacht

Falsches Spiel

Lust
Liebe
Einsamkeit

Boshafte Schwestern
verkommen in Abhängigkeit

Lust auf Liebe
Liebe zur Lust
und die Sehnsucht danach

Geburt und Sterben
in Einsamkeit

Boshafte Schwestern
bieten sich preis
gegenseitig

Versteckspiel

In deinen Armen Hingabe
In deinen Augen Gefühl
In deinem Herzen Vertrauen

Zwei reife Ähren wiegen sich
mit dem warmen Sommerwind
niemals allein

In meinen Ohren Warnung
In meinem Kopf Angst
In meinem Verhalten Vorsicht

Warten auf die Dunkelheit
den Mantel der Nacht
sich zu verstecken

In meinen Armen Begehren
In meinen Augen Schönheit
In meinem Herzen Liebe

Liebe leben

Leben heißt
es trotzdem wagen
Leben heißt
die Wahrheit sagen

Leben heißt
sie zu ertragen
und dich sehen
wie du bist

Lieben heißt
im Leben gehen
Lieben heißt
den Menschen sehen

Lieben heißt
dir beizustehen
wenn du dir
nicht sicher bist

Leben heißt
verrückte Sachen
Leben heißt
meist mitzumachen

Leben heißt
trotzdem zu wachen
dass ich nur
ich selber bin

Lieben heißt
nichts einzuengen
Lieben heißt
am Himmel hängen

Lieben heißt
dich nicht zu drängen
gemeinsam
einen Weg zu gehen

Wenn die Nacht

Wenn die Nacht Flügel hätte,
ich würde dich streicheln
damit.
unverhofft
und zärtlich wie du.

Nachts,
wenn ich träume neben dir.
Nachts,
wenn ich deine Berührungen
trinke.
Nachts,
wenn kein Alltag bei uns ist.
Nachts,
wenn deine Flügel mich tragen

Sie trügen mich
durch unsere Dunkelheit,
durch unseren Morgennebel.

Wenn die Nacht Flügel hätte....

Entdeckung

Wir fliegen davon und
schauen hinab
auf tanzende Greise

Gemeinsam
du und ich verschmolzen
im Duft einer Blume
so leicht so frei
und doch zu ihr gehörend

Im Sand der Wüste
zwei Körper
die sich gleichen
suchen warmen Wind
um zu entfliehen

Wir finden uns wieder
in der Schaumkrone einer
Welle
im Flug des Sandes
im Duft unserer Blüten

Ruhig werden

Ich möchte tanzen,
lachen,
schreien,
möcht mich in dich
verkriechen.
Ich möchte mit dir
glücklich sein, möcht
deine Wärme riechen.

Ich möchte ruhig
werden dann,
möcht deine Nähe
spüren.
Und schon ein leises
Zittern könnt
mich in dein Land
entführen.

Dort
halt mich fest,
lass mich nicht los,
genieß es
mich zu lenken.
Der Himmel wird
ganz weit und groß
sich selbst uns
schenken.

Und wenn
dein Vogel zu weit
fliegt, dann
fang ihn wieder ein.
Den Käfig braucht
dies Fangen nicht,
es wird freiwillig sein.

Perlen

Perlen an einer Kette
Eine für dich
Eine für mich

Unsere Perlen an unserer Kette
fangen den glitzernden
Tau unserer Tage
schmelzen ihn ein für uns
binden das Abendrot die Nacht
dich an mich uns an den Tag

Perlen schmelzen
in unseren Tränen
Salzige Fluten fließen ins Meer
tanzen mit den Stürmen
unserer Nacht und finden sich
am eigenen Tau
unserer Kette

Passend

Meine Liebe
lebt

Ich weiß nicht
wo

Ich genieße
die Nähe zu ihr
und auch
dass sie nicht
um die Ecke wohnt.

Ein Liebesgedicht

Liebe
schlägt Wurzeln in die
Unendlichkeit
holt sie ein Stück
näher an den Alltag
ihn zu wärmen
mit Wünschen
die die Zukunft schenkt bevor
sie das noch schwache
Tageslicht erblicken

Diesen Tag
lasse ich ein Stück Wurzel
wachsen
aus meiner Liebe zu dir
um den Weg zu finden
in die Zukunft
festzuhalten den Augenblick
ohne Angst

Die Liebe vermehren
um uns herum

Sie wird strahlen

Und
selbst in den Tränen schenkt
mir mein Regenbogen
alle Farben des Lebens

Bezahlte Zeit

Ich denke an dich
immer wieder

Immer wieder
drängst du dich mir auf

Warum schleichst dich in
meine Gedanken
Immer wieder

Immer wieder hast du
zugehört dich eingedacht
in mich immer wieder

Hast deine Gefühle beiseite
geschoben immer wieder um
meinen zu folgen immer wieder

Du hattest Zeit für mich
immer wieder
immer wieder bezahlte Zeit

Sicherheit

Du liebst mich
wahrscheinlich

Ich liebe dich
im Moment

Wir lieben uns
mit der Sicherheit

die uns fehlt
für die Liebe

Eins sein mit dir

Meine Hände
sehen deinen Körper
Meine Augen
streicheln dich
Meine Haut
auf deiner,
Meine Lippen
deine Lust
Mein Gesicht
in deiner Wärme

Wogen der Wonne
Offen die Pforten
deines Tempels
Offen dein Heiligtum

Auf deinem Altar brenne ich

Du

Meine Luft zum Atmen heißt
Dich lieben

Mein Sturm am Abend heißt
Dich fühlen

Meine Morgensonne
heißt wie du

Leidenschaft

Flammen
hoch auflodernd

Wildheit
ungezähmt

Leidenschaft
entfesselt

Hände
deine meine
du ich

Entbrennen in dir

Lust

Du
mein Wasser wenn mich
dürstet
Du
mein Meer wenn ich die Segel
setze

Dahingleiten
mit dir auf den Wogen der Lust
sanft
endlos
wild

Unsere Haut
unsere Quellen
Unsere Körper
fließen einander entgegen

Willkommen sein
Erwartet werden
Ertrinken in dir

Wir sein

Erde sein
Krumen sein

Fühlen und Sehnen
Worte und Schweigen sein

Blatt sein und Wind sein
Sommer und Winter

Eins sein und alles sein

Du und ich sein
Wir sein

Zusammen eins sein

Am Ende langer harter Reise
erquickend wird die Quelle sein

Lass uns gemeinsam
daraus trinken

Verzeichnis der Gedichte

Vierzig Gedichte

Band 1 bis 5

Band 1

Meine Rose heißt wie du

Gedichte vom Erblühen
der Liebe

ISBN 9783848263097

Band 2

Durch dein Schweigen

Gedichte vom Verblühen
der Liebe

ISBN 9783844802726

Band 3

Zeit schrumpft mühsam

Gedichte um Trauer und
Abschied

ISBN 9783848259618

Band 4

Dreh dich nicht um

Gedichte vom Glück und
vom Leben

ISBN 9783848259656

Band 5

Mäntel um unsere Wünsche

Gedichte vom Kampf um
die Liebe

ISBN 9783848259670